¿Con qué papel me envuelves la luna?

Poemas de amor a primera vista y a larga distancia.

Lisa Gil-Ventura

¿Con qué papel me envuelves la luna?

Copyright © 2022 Lisa Gil-Ventura
ISBN 978-0-578-30284-3

Todos los derechos reservados. Este libro no puede ser reproducido, distribuido, o transmitido de ninguna forma, incluyendo fotografía, grabación, y ninguna otra manera electrónicamente o forma mecánica, por fotocopia o cualquier otro medio, sin el permiso escrito del escritor original, excepto en casos de citación breve en reseñas críticas y otros usos no comerciales permitidos por la ley de derechos de autor.

E-mail: Lisa.Gil08@gmail.com
Instagram: @poeta_rubi_g
Website: www.lapoetarubi.com

Diseño Gráfico: Lisa Gil-Ventura y Roxana Calderón
Portada: Angela Abreu
Editado por: Roxana Calderón

***ELOGIOS** para Con qué papel me envuelves la luna*

Con qué papel me envuelves la luna es un recordatorio de que para amar debemos deshacernos y sentir cada parte del viaje sin miedo. Sentí las emociones de Lisa hasta la médula y el anhelo de estar con su amado. Cada poema pinta tan vívidamente el viaje de las emociones, haciendo que el lector se sienta como si estuviera allí.

-Dhayana Alejandrina, autora de *"Agridulce"*

El amor puro se encuentra en cualquier parte del mundo. Este libro representa eso. Representa que el amor puede seguir siendo bello. Demuestra que el amor te encuentra a ti, no al revés. Y cuando dos personas aman, cuando un poeta ama, crean una cápsula del tiempo, crean un lugar donde ese amor puede vivir para siempre, puedes encontrar ese amor, en estas páginas. Puedes sentir el amor, desangrándose. Suplicándote que cambies la historia que tienes sobre el amor y recuerdes que el amor puro aún existe. Hay muchas historias sobre el amor, pero no como esta.

-Massiel Alfonso autora de *"Un puñado de poemas"*

Hoy en día enamorarse se ve como una tontería y el amor de lejos solo para palomos forzado a la distancia. Sin embargo, en ¿Con Qué Papel me Envuelves la Luna?, Lisa Gil-Ventura nos narra una historia de amor que amansa ese cinismo salvaje que define nuestra era. Esta colección trata de más que el amor a primera vista. La poesía de Ventura capta esos momentos después de la primera impresión, cuando los ojos de alguien nos dicen, "te veo," y los nuestros responden como un espejo una y otra vez.

-JP Infante autor de *"On the Tip of Your Mother's Tongue"*

Estos poemas bailan fuera de la página, fuera de la lengua y directamente en el pecho, despertando todas esas emociones latentes que recuerdan al amor adolescente. Rendirse a todos los sentimientos que estos poemas transmiten te deja con la caja torácica sonriente, de alguna manera más joven y mucho más optimista de lo que eras antes de bailar con ellos. Esta historia de amor es música y medicina.

-Anacaona Rocío Milagro

"Sin timidez, sin vergüenza, con pureza y certeza" Lisa Gil-Ventura nos invita a ser testigo de un amor que no es para cobardes. Este poemario es un obsequio de versos líricos e intoxicantes que nos hace testigos de un gran amor que llena todos los vacíos y hace alquimia de la distancia. Estos poemas son una delicia del lenguaje íntimo de una mujer apasionada que se entrega al destino y se declara eternamente enamorada.

- Peggy Robles- Alvarado autora de *"The Abuela's Story Project"*

Índice

Palabras de la autora	7
Capítulo 1: Los Amantes	
Corazón desnudo	10
A primera vista	12
Alquimia	13
Flechados	15
Intuición	16
Vehemente	17
Estrella	18
Lo que no se ve	19
Hablas de amor	20
Maktub	21
Te pregunto	22
Nuevo comienzo	23
Capítulo 2: El Carro	
Viaje al paraíso	25
Luna llena	26
En el cosmos	27
Intrépido	28
Melancolía	29
Incertidumbre	30
¡Ya!	31
Desespero	33
Dos que se esperan	36
Curiosidad	38

Deseos	40
Lágrimas de partida	41
Anticipación	42
¿Qué harías sin mí?	43
Mar azul profundo	44

Capítulo 3: El Sol

Privilegio	46
Un matrimonio el 8 de junio	47
Los 18 mandamientos	48
Cadencia	50
Una bachata	51
Feliz año nuevo	52
No te lo imaginabas	53
Aniversario	54

Capítulo 4: El Mundo

A Prueba de balas	56
Obsequio divino	57
Emmanuel	58
Las Guáranas (Idilio)	59
Mi delicia favorita	60
Rescátame	61
Mi mapa	63
Llave mágica	64

Agradecimientos	65
Biografía	67

Palabras de la autora:

Con qué papel me envuelves la luna, es una colección de poemas que expresa lo que sentí al enamorarme de un campesino durante unas vacaciones familiares a la República Dominicana en el 2009.

Ese fin de semana tenía otros planes, pero el universo me los cambió. Conocí al amor de mi vida hace doce años y aquí estamos, gracias a Dios, todavía enamorados como si fuera la primera vez.

Desde el inicio, mi intención al publicar este libro ha sido mantener la esencia de cada poema haciéndole cambios mínimos para que el que los lea perciba las emociones de la misma manera que yo mientras escribía cada verso de este poemario. Intenté reescribir los poemas como me lo pidió la primera editora que vio este proyecto y no pude. Me dio tristeza y pensé en soltar todo porque si se iban a publicar quería que se mantuvieran en su forma natural, la voz de una joven de 25 años que se enamoró de un caballero que le robó el corazón.

Desde que lo conocí, supe que lo quería todo para mí, pero a veces me llenaba de inseguridad porque pensé que tal vez solo quería obtener su viaje gratis a los Estados Unidos. Una y otra vez él demostró todo lo opuesto, así que me dejé llevar del corazón y no de los pensamientos.

Estos poemas reflejan la jornada desde ese primer encuentro hasta el día que por fin llegamos a vivir juntos en el mismo país y los temores que causa una relación a larga distancia.

En este libro también hablo de mi fe. Desde el inicio Dios siempre ha sido el centro de nuestra relación y mi fe me llenó de seguridad y me hizo entender que lo nuestro no fue coincidencia, mas bien algo planificado por fuerzas fuera de nuestro control.

Emmanuel, te regalo esta colección para que nunca se te olvide la historia de nuestro gran amor, lo mágico que fue el comienzo de nuestra unión y el milagro de lo que todavía vivimos y creamos todos los días de nuestras vidas.

Cuando te conocí pensé que todo iba a ser una gran aventura, aunque solo durara un fin de semana o una eternidad. Tuve que decirle que sí a lo que entiendo fue una oportunidad de Dios. Me alegra saber que tú también sentiste lo mismo. Estos son mis sentimientos por ti.

¡Te Amo!

Capítulo 1:
Los Amantes

Corazón desnudo

Camino nervioso el del curioso
—intrigado por lo misterioso—.
Inseguridad nace, crece,
vuelve, renace y por mi
cuerpo va viajando hasta
apoderarse.

Sentimientos y pensamientos
que el corazón da de balde.
La base para que todo avance
es rendirse y desdoblarse.

¿Estaré lista?
¿Quién sabe?
Dicen que es preferible
no obsesionarse.
Dicen que cuando
te das por completo
el corazón no entiende
y malas jugadas te hace.
Dicen que es más fácil negarse
y no enamorarse.

Preguntas al Señor,
En esta situación, ¿qué se hace?
Es difícil relajarse
Y todo a Dios dejarle.

Se pierde el control,
se pierde el balance
en búsqueda de un romance.
¡Aquí nadie sabe cuál será
el desenlace!

Desnudarse también es
doblegarse.
Interesantes los amantes
que al amanecer
permiten que la química
que se despertó en ellos
los abrace —hasta cometer
el delito de fusionarse—.

¿Qué será más fácil,
el componerse después de
ser vulnerable
o vivir con la duda
de que a ese amor nunca
se le dio el chance?

A primera vista

¡Te amo!
¿Desde cuándo?
¡No sé!
Tal vez fue desde
la primera vez
que nuestras miradas
se encontraron, y
desde ese momento
mi corazón
te he reservado.

Mis ilusiones en mi
cuaderno he garabateado.
Un fuego has empezado.
Te quiero a mi lado.

Tu imagen
me ha hipnotizado;
en un hechizo me
me has enredado.

¡Dedícame tiempo, Negro!
Sola me has dejado.

Alquimia

En tan poco tiempo,
en la pista terminamos
bailando a nuestro propio
tempo.
Me dio su mano
mi corazón tembló.

Ojos color miel,
¡Qué química entre él y yo!
Suave e intoxicante
el calor de su piel.

Con gran deseo me dejó;
me encantaría volverlo a ver,
su aroma volver a oler.

Hermosa su sonrisa,
¡horrible tener que
marcharme con tanta prisa!

Tremenda noche aquella,
vuelta en su motocicleta
bajo la luna y las estrellas.

La boca me seducía
con su lengua lisa y atrevida.
Cada beso anticipaba
que a mi cama
quería hacerle una visita.

¡Bienvenido!
A mi patio yo lo invito.
Le prometo se
irá bien venido,

un poco herido,
destruido,
en su oído
sentirá mi ruido.

Flechados

Cupido me flechó,
no fue en febrero,
enero ni en diciembre,
pero en el 2009 llegó.

Ese domingo
lo recordaré por siempre.
Nunca olvidaré
lo que sentí
cuando a final
de agosto
las mariposas
se desataron
dentro de mí.

Intuición

No necesito que me digas
cuanto me quieres,
o cuánta falta te hago,
tus ojos me lo dicen todo;
brillan como el sol.
Tú mirada me lleva hacia tu alma
y de ahí dentro no quiero salir.
No hables, no gaste tu aliento,
solo sonríe, que eso me lo dice todo.
Cuando tus labios me besan
y me agarran presa,
de esa cárcel nunca quiero ser liberada.
No me escribas una carta,
muchos menos un poema;
las canciones que me dedicas lo dicen todo.
No me envíes mensajes porque
al escuchar tu voz me enamoro más de ti.

Vehemente

Burbujas se acumulan en mi vientre
y sin disimular causan dudas.
Pienso en las locuras
que ocurrieron
debajo del cielo.
La noche oscura
fue testigo de la vibración
de nuestras almas.
Los deseos escondidos
salieron a la superficie
y desde que fui tuya
por primera vez,
no he dejado de pensar
en seguir siéndolo
hasta que la muerte nos aparte.

Estrella

Te estrellaste dentro
de mí como un cometa.
Haces que por ti peque y
que no me importe lo que la
gente comente.

Pienso que a tu
corazón entré
y como poloche nuevo
me estrenas,
como maestro de
gimnasio me entrenas
cuando de la vida
y el amor me enseñas.

Tienes a todos en
tu barrio preguntando:
«¿De dónde salió ella?»
Los vecinos te cuestionan:
«¿Es esa tu mujer?»
«¡Wao!¡Qué negrita tan bella!»

El corazón te dice:
«Cuídala, es buena,
ella es tu luna y
tú su estrella».

Lo que no se ve

Para navidad
regálame un buen
recuerdo,
un bello momento,
un apasionado:
«Mami, te quiero».

No me interesa
un gran anillo
ni el dinero
en tu bolsillo,
más valor tiene
un paseo por el río.

Para navidad no
quiero regalos
ni halagos,
mejor regálame el brillo
de tus ojos claros.

Regálame las
estrellas en un vaso,
del sol un gran pedazo,
lo vivido es lo
único que se lleva
uno cuando viaja
al otro lado.

Hablas de amor

Dices que mi humildad,
voz ronca y sensual
fue lo que te enamoró.

Dices que mi pajón te saludó,
arrastró tu corazón y jamás
has dejado de pensar en mí.

Dices que todo ocurrió
por una razón,
que el universo nos unió,
en un alma nos convirtió
y fue rosado el testigo
de nuestra transformación.

Dices que soy tu amor,
tu vida, un regalo de Dios,
para llenar el vacío
que una vez existió.

Dices que a pesar del sudor
que causa este amor,
no hay que vivir en temor.

Dices que seremos lo mejor,
yo para ti, tú para mí,
si fue el destino que nos presentó,
olvidemos el dolor.

Derritamos cualquier rencor,
aprovechemos el olor y el sabor
de esta verdadera unión.

Maktub

Ver todo lo sucedido es un milagro
y no muchos lo entenderán.
Él cree, yo creo, solo eso vale.
—Todo pasa por una razón —me dijo.
Y yo pienso igual que él.
Para ver todo caer en su lugar
hay que confiar.
Todo ha ido encajando
perfectamente en su sitio,
pieza por pieza,
y a su debido tiempo,
mágicamente todo se alineará.

Te pregunto

Dime, ¿cuándo te enteraste que
de mí te enamoraste?

¿En qué momento te diste cuenta
que soy una mujer interesante?

¿En qué instante te preguntaste
a qué sabrían los besos que planeabas darme?

¿Te dieron curiosidad mis caderas
y te preguntaste si soy buena amante?

¿Alguna vez pensaste
que te harías adicto a mi presencia y
que me convertirías en un vicio
que jamás soltarías?

¿Cuándo decidiste que
yo sería tu mujer y
que conmigo hijos tendrías?

¿Qué pensamientos tenías?
¡Dime!, ¿desde cuándo lo sabías?

Nuevo comienzo

Bellos retratos
nos hemos tomado.
Te he esperado,
intimidad te he regalado.

Te gusto,
te asusto,
te sorprendo con el secreto
que llevo aquí debajo.
Es tuyo,
a ti te lo he guardado.

En cuestión de segundos,
por la eternidad
me he enamorado.
Todo mi pasado
lo has borrado.
¡Qué amable,
como un caballero
te has portado!

Mi mente se ha
transportado.
Mi vida he remodelado.
El alma se ha mudado y
viaja lejos
para estar a tu lado.
¡Te amo!

Capítulo 2:
El Carro

Viaje al paraíso

Te diré algo que no sabes,
nunca me había sentido
entre el infierno y la gloria
al amar a alguien.
Ven, y con tus palabras
estimula cada rincón
de mi cuerpo.
Acaríciame,
y con tu mirada profunda
haz que te ruegue
que estés dentro de mí.
Desde que nuestros corazones
se encontraron
solo quiero viajar a tu lado,
llévame al paraíso,
quiero que seas mi piloto privado.

Luna llena

La luna y las estrellas
me acordarán siempre de ti.
La luna y las estrellas
me permiten sentirme cerca de ti.
Llegaste de la nada y
estar lejos de ti
me hace sentir impotente.
¿Cómo podré hacerlo?
Mi pequeño joven con frenillos.
Los sentimientos de mi corazón son sinceros.
¿También te sientes así?
Cuando cae la noche y veo la luna
se me hace imposible no pensar en ti.

En el cosmos

Eres mi constelación más importante.
Solo quiero dar vueltas alrededor de ti.
Provocas en mí felicidad,
sin tu oxígeno no quiero vivir.

Neptuno te regalaría,
¿pero cómo?, si no estás aquí.
¿Por qué estás allá, tan lejos de mí?
Eres esencial para yo existir.

¿Por qué miles de años luz me separan de ti?
¿Por qué siempre tiene que haber un adiós?
¿En esta galaxia no hay final feliz?

¿Cuándo será que me dirás?
«Mi estrella de la noche,
estoy aquí,
me quedaré y nunca
más me volveré a ir».

Intrépido

Ama con fuerza e intensidad,
que el amor tibio y débil no es amor.
Ama con fuerza y no te detengas ni
cuando caigas.
Si caes, hazlo con valentía,
porque amar no es para cobardes.
Aunque los errores del pasado
te hayan destrozado
dedicarte a un amor frágil,
también te romperá.
El amor que todo lo da
siempre perseverará.

Melancolía

¿Cuándo será que te podré volver a ver?
¿Cuándo volveré a respirarte?
¿Cuándo volveré a saborear tus labios?
Quiero verte sonreír y contemplarte por un largo rato.
¿Cuándo nos volveremos a sentir sin miedo de tener que separarnos?
¿Cuándo?

Incertidumbre

El camino al altar es sagrado,
¿Estaremos listos
para ese compromiso?
Me siento confusa,
todo esto me asusta.
¿Me busca tu corazón
como a ti te busca el mío?
No quiero cometer un error
por tonta e impulsiva.
Detesto esta inseguridad que
me llena la mente de neblina.

¡Ya!

Me estoy desesperando,
¡Ya no aguanto más!

Estoy harta de no
estar a tu lado,
la intranquilidad
y la ansiedad
me están inundando.

¡Ya no aguanto más!
Todas las noches
deseo estar contigo,
y dormir a tu lado
para hacerte el amor
hasta las cuatro o las cinco.

Esta distancia
no la aguanto.
¡Cuánto deseo tu calor,
tus besos y tus abrazos!

Eres mi espejo,
cuando te miro,
me veo.

Ven hacia mí
pronto, da un brinco,
da un salto que estás lejos.
Tengo que volar tan alto
para estar a tu lado.

¿Por qué en ti mi corazón
se ha fijado?
¿Por qué se me ha puesto

esto tan complicado?
La fe por lo que sentimos
preocupación me ha causado.
Quisiera gritar,
quisiera llorar,
quisiera los ojos cerrar
y que a mí puedas llegar.

Quisiera ya firmar
y contigo regresar,
en el mismo avión volar,
que por fin este sueño
se convierta en realidad.

Desespero

¡No entiendo Dios,
no comprendo!
¿Me ha pasado de nuevo?

En el corazón
desilusión siento.
Me detengo y espero,
la desesperación me
está consumiendo.

¿Será desprecio? Pienso.
El corazón está tenso.
De haberlo conocido
no me arrepiento.

Un gran peso
en el pecho
llevo.
No fue coincidencia.
Eso lo sé al
cien por ciento.

¡Sí!
De acuerdo,
todo a su debido tiempo.
La impaciencia
acelera mis nervios.
La vida y
sus misterios;
imaginaba que esta vez
iba en serio.

La rápida salida es
darme por vencida,

me encuentro desilusionada,
sola y vacía.

Anticipé llamadas
y mensajes cada día.
¡Sí!
Tengo fe,
las espero todavía.

Supuse que andábamos
por la misma vía,
de camino a crear
una nueva vida.

¿Qué sucedió?
¿Será verdad?
¿Tan pronto de
mí se olvidó?

¿Cómo puede ser?
si todas las noches
un beso me envió.

Envidio a todas las parejas.
Deseo un amor que
no sea prohibido.

¡Sí!
De acuerdo,
todo a su debido tiempo,
vuelvo y me repito.

Mala suerte he tenido,
bastante he sufrido
por amores perdidos.
Sé que este no será mi destino.

Tengo que soltar el miedo y
el pesimismo,
pensar solo en lo positivo.

Dos que se esperan

Una inquietud sienten,
los que se esperan.
Que larga la espera,
inolvidables las escenas
de esa novela.
Una historia bonita
de dos que se aman
a pesar de la distancia.

Ellos esperan,
se aguantan las ansias
porque se aman y respetan.

Por el teléfono
se abrazan,
se besan,
sus deseos
sueltan.

Expresan que la
desolación
es insoportable,
los dos la desprecian,
pero se quieren y
se entienden.

¡Qué confianza tienen!
El tiempo va y viene,
pero ese amor profundo
ni mar, ni tierra
lo detiene y
el más poderoso
del mundo los defiende.

Son dos seres que en
sus sueños se pierden.
Los dos que se esperan,
se desesperan,
pero aguantan
porque la vida
está llena de sorpresas,
para el que tiene
fe y paciencia.

Curiosidad

Me pregunto con qué frecuencia
estoy en tu mente.
Me pregunto sobre la distancia,
y cuánto más tendré que esperar
para que estés aquí, a mi lado.

¿Te preguntas lo mismo que yo?
Porque yo me pregunto lo que
te preguntas todo el tiempo.

Apuesto a que te preguntas
sobre la primera vez
que podrás viajar en avión.
Yo también me pregunto sobre ese día
y lo aterrado que estarás
cuando tengas que decir adiós.
Yo también siento el mismo miedo
que tú,
aunque no sé que se siente salir de
tu comodidad
y la vida que has llevado.
¿Tus preguntas son las mismas
que las mías?

Ahora las cosas son diferentes,
me has tomado como tu esposa,
y apuesto que te estás preguntando
cómo será vivir junto a mí.

¿Te preguntas por los amigos
y la familia que se quedará atrás?
¿Te preguntas cómo le proveerás
a tus seres queridos?
¿Cómo te esforzarás?

¿Tendrás el mismo impulso
a prosperar que yo?
¿Estás ansioso por construir
un presente a mi lado?

Sé que habrán obstáculos por superar.
Si te encuentras con la oscuridad
no temas que yo seré tu luz.
Si te sientes débil
yo seré tu fortaleza.
Si debes llorar
lloraré a tu lado.

Deseos

Estoy pensando en ti,
te anhelo junto a mí.
Eres la razón de mi renacimiento,
me urge que estés aquí.
Deseo que me acaricies el cuerpo
para que dejes tus huellas
grabadas en mí.

Lágrimas de partida

Una vez más la luna de miel
está a punto de acabarse.
Qué catastróficas son las despedidas
cuando se tiene que quedar la mitad
de tu corazón atrás,
y aunque mis ojos derramen
un río mientras el avión parte,
me llevo conmigo las dulces
y tiernas memorias de este corto viaje.
Hasta la próxima mi amor.

Anticipación

Negrito,
tengo miedo de perder
esto tan bonito.
Has sido la sorpresa más grande
que me ha dado el destino.
No tengo idea de cómo
todo esto ha surgido,
pero la ilusión de empezar
una familia contigo
es más grande que
el temor de intentarlo.

¡Ay, negrito!
¿Cómo calmo estas ansias
de querer estar a tu lado?
Creo que te iré a ver antes
de lo planeado.

¿Qué harías sin mí?

Yo sin ti soy como el otoño sin brisa.
A tu lado es más sencillo respirar.
Cuando no estás me siento
como un jarrón sin flores,
como un árbol sin hojas,
como estar sin que no estés.
Qué complicado es soñar
sin sueño.
Incompleta como una playa
sin arena me siento.
Como un poste sin lámpara,
como la música sin amplificador,
Desierta se encuentra mi alma
cuando estás, y no estoy.

Mar azul profundo

Para verte viajo por encima
del profundo mar azul.
Para verme a mí,
para vernos a ti y a mí
levantarnos por encima
de las mareas del mar.
Me parece que tú y yo estamos
destinados a ser.
Yo no te elegí y tú no me elegiste a mí.
En dos extremos opuestos
nuestro amor sigue respirando.
Dios nos pidió que confiáramos
y siguiéramos soñando,
porque él es más grande
que la profundidad del océano.
¡Observa, ya verás!

Capítulo 3:
El Sol

Privilegio

Cuando usted desee
me gustaría regalarle
el privilegio de poder viajar,
trabajar y estudiar.

Más que nada le quiero
dar la oportunidad
de progresar.
Su sueño de un día
poder ser ingeniero,
eso, para usted yo quiero.

Cuando lo desee
solo tiene que preguntar.
Por mí no se tiene
que preocupar,
que en mi casita
tranquila voy a estar.
Cuando esté listo
me puede llamar.

Un matrimonio el 8 de junio

¿Puedes creer que hicimos lo impensable?
Lo difícilmente creíble, se volvió posible,
tuvimos sólo unos segundos para pensar
y nos unimos sorpresivamente con el sol
que sale después de llover.
Apenas tuvimos tiempo de parpadear;
fue celestial.
Celebramos con ron lo que debió haber sido
mi cumpleaños y terminó siendo una eterna unión.
Brindemos por la espontaneidad.

Los 18 mandamientos

1. No debo rendirme porque si lo hago la duda se quedaría para siempre en mi corazón.

2. No debo rendirme porque él fue colocado mágicamente en mi vida.

3. No debo rendirme por la coincidencia de su cumpleaños con el de mi hermano.

4. No debo rendirme porque él trae gozo a mi vida.

5. No debo rendirme porque vale la pena tener paciencia.

6. No debo rendirme porque él es todo lo que siempre quise.

7. No debo rendirme porque es el hombre que será un gran padre para mis hijos.

8. No debo rendirme porque me trata como jamás nadie lo ha hecho.

9. No debo rendirme porque es bondadoso como el amor mismo.

10. No debo rendirme porque su alma es noble y pura.

11. No debo rendirme porque trae a mi vida estabilidad.

12. No debo rendirme porque a pesar de nuestras diferencias, aprendemos uno del otro.

13. No debo rendirme porque su sonrisa me hace feliz.

14. No debo rendirme porque me enseña a ser más abierta con mis sentimientos y paciente.

15. No debo rendirme porque sé que juntos formaremos un gran equipo.

16. No debo rendirme porque respeta y disfruta mi arte.

17. No debo rendirme porque es divertido como yo.

18. No debo rendirme porque estamos destinados a ser.

Cadencia

Tú y yo viviremos juntos este verso,
y al unísono único de la belleza universal
nos sumergiremos.

Una bachata

Dile al amor
que le agradezco
por pasar de visita
y terminar quedándose.
Dile que me ha hecho experimentar
cosas que nunca imaginé antes.
Dile al amor que desde pequeña
lo esperaba y que me ha cambiado
la vida al de mí enamorarse.

¡Feliz año nuevo!

Eres mi utopía.
No hay palabras que puedan describir
la intensidad de lo que siento por ti.
Soy una mujer dichosa
y afortunada por tenerte en mi vida.
Que en este nuevo año Dios
nos conceda todos nuestros deseos.

No te lo imaginabas

Apuesto que no creías
que yo te entendería,
que sin temor contigo
me comunicaría,
que sin conocerte
confianza te entregaría,
que todos tus defectos
aceptaría,
que por ti un vuelo tomaría y
contigo cinco noches dormiría,
que a mi familia y amigos
de ti hablaría,
que a tus seres queridos
me acostumbraría,
que en tu pueblo de manos,
en motor o en guagua
contigo andaría,
que yo contigo me casaría.

Aniversario

Se aproxima nuestro primer año
como marido y mujer,
como una familia,
como una bella pareja,
como seres
hechos uno para el otro.
No tengo que explicarte
cuanto te adoro,
nunca me cansaré de escribirte
cuanto te amo.
Eres un orgullo para mí,
que distinta sería la vida sin ti.
Por nublado que el día esté,
tú siempre buscas la forma
de hacerme sentir bien.
¡Qué lástima que vivamos tan apartados!

Capítulo 4:
El Mundo

A prueba de balas

Soy feliz,
mis ojos brillan
y mi estómago hormiguea
cada vez que el sonido de tus palabras
llega a mi corazón.
Me niego a que los comentarios,
o las acciones de los demás
destruyan los pilares
de una relación construida bajo
la felicidad, la fe,
la confianza y el amor.

Obsequio divino

Es tan hermoso
lo que sentimos,
no tienes comparación,
por ti me derrito.

Me haces feliz,
somos el uno
para el otro.
Completas mi
existencia,
sin ti no podría
vivir.

La pureza de cada
uno de tus besos
me derrite.
Tus ojos me llenan
de paz.

Por siempre tú y yo.
Rezo para que este
amor nunca
se acabe.

Eres el regalo
más bonito de Dios.

Emmanuel

Hombre es el que sus pensamientos no esconde.

Hombre es el que por su madre en mil pedazos se rompe.

Hombre es el que cumple las responsabilidades
que le corresponden.

Hombre es el que a sus hijos le responde.

Hombre es el maduro, cariñoso, y seguro.

Hombre es el que confiesa que su corazón es tuyo.

Hombre es el que admite tener un exterior
fuerte y duro, pero que sus sentimientos son sinceros y
puros.

Hombre es él, mi esposo, mi orgullo.

Las Guáranas (Idilio)

Por un campo,
de un campo,
me he enamorado
del sonido del gallo,
del camino soleado,
de ese campesino
que tan bien
me ha tratado.

En su campo
allí felicidad
he encontrado.
Los más bonito
mis ojos han observado.
Un rico café
que satisface mi ser
he tomado.

El calor
a mi piel y
a mi vida
le da color.

Campo,
humilde campo,
gracias a ti
he aprendido tanto.

Mi delicia favorita

Sancocho de mi vida,
eres tú el sol de todos mis días.
Antes de conocerte no sonreía,
ahora todas tus palabras
me causan alegría.

Sancocho de mi vida,
nunca pensé que iba encontrar
a alguien quién me entendería
y que acepte mi feo, mi bonito
y hasta mis pleberias.

Sancocho de mi vida,
mezcla de dulce palabras
y sentimientos sinceros,
me has convertido en un bello
reguero, anticipo con bastantes ansias
nuestro reencuentro.

Sancocho de mi vida,
mi paladar de ti nunca se olvida,
es tu imagen que me motiva.

Sancocho, iluminas mi día.

Rescátame

Libérame de esta cueva de timidez,
vergüenza, complejos y secretos.

Libérame, sácame de aquí.
Ayúdame, enséñame a vivir,
a libremente decidir.

Invítame a perderme en tus ojos.
Ábreme la puerta
de tu alma, déjame volar dentro de ti
sin timidez, sin vergüenza, con pureza y certeza.
Ven, búscame y sácame de aquí.

Dime que contigo puedo viajar hasta las estrellas.
Dime que mis piernas son bellas,
— ¡cuánto deseo que te pierdas en ellas! —.

Sin temor, sin timidez quiero que cada estría,
cada mancha, cada cicatriz en mi cuerpo veas,
para que mis complejos desaparezcan.

¡Sácame! Enséñame a ser una mujer
completamente nueva para que la vergüenza
se disuelva, para que la confianza a mi vida vuelva.

Bésame, tócame, abrázame, explórame,
el pelo hálame, ¡soy tuya!

Bestia, devórame, la boca destrózame,
muérdeme, con tu lengua enciéndeme.

¡Auxilio! Defiéndeme, estoy presa.

Mis entrañas por ti rezan, me gusta como me aprietas.
Tienes tú la llave, ven, sálvame.

Mi mapa

Si te perdiera
el brillo de mis ojos
desaparecería.
Mi sonrisa,
que tanto ilumina,
se apagaría.
Si te perdiera,
el aroma de los árboles
y de las flores a mi nariz
no llegaría, la voz
que lindas palabras
recita se callaría,
la boca que tanto
susurra, ya no hablaría,
vacío mi estómago estaría,
lágrimas de felicidad
en tristeza se transformarían,
un río por ti lloraría,
música por
mis oídos no pasaría,
mis dedos para escribir,
ni tocar funcionarían,
el alma sin ti se destrozaría,
el corazón más nunca latiría,
ciega, sorda,
muda quedaría.
Yo,
sin ti,
me perdería.

Llave mágica

Déjame ser la llave
que enciende tu pasión
y también la que extingue
tus ardores internos.
Déjame ser la caja fuerte
que conserva tus secretos,
déjame ser el cofre que
conserva tus tesoros.

Agradecimientos

Emmanuel, me cambiaste la vida desde el instante que nos conocimos. Te amo y te aprecio por hacerme tan feliz y por tratarme como toda una diosa. Sigo completamente enamorada de ti.

Gracias a mis hijos, Devan y Darius. Sueño a lo grande para enseñarles que pueden hacer lo mismo. Gracias por ser una de las razones por las que me gustaría dejar un legado. Espero que este libro de poemas los ayude a darse cuenta de lo mágico que fue el comienzo de nuestro núcleo familiar. Amo a su papá y definitivamente amo ser su mamá.

Arturo, mi ángel de la guarda que está en el cielo, mi hermano pequeño, y una de las razones por la cual ha sucedido todo esto, te llevo a ti y tu hermosa sonrisa en mi corazón. Ojalá siempre te haga sentir orgulloso a ti y a todo el equipo (invisible).

Gracias a mi madre, Belkis, por sacarme adelante, por sacrificar tus sueños para apoyarme. A mi padre, Francisco, que compensa el pasado estando presente en mi evolución. Te quiero. A mi hermana, Ivelisse, estoy eternamente agradecida porque Dios me dio una segunda oportunidad para ser la mejor hermana para ti y para poder conocer profundamente tu dulce corazón. Mucho amor a toda la familia Candelario, incluyendo a mis primos. Los amo.

A la familia Jerez siempre estaré agradecida de ustedes por lo que significan en mi vida, la de mi esposo, y la de mis hijos.

Dominican Writers Association no sé ni por dónde empezar. No fue hasta el proyecto de Washington Heights Memoir Project que entendí y vi claramente cuál era mi propósito. Ángela Abreu, mi madrina literaria, este libro existe gracias a ti y a tu don de escuchar, enseñar, defender y motivar sin cesar.

Mucho amor y gratitud a todos los poetas, escritores y maestros de DWA con los que he tenido el privilegio de aprender. Especialmente Alicia Anabel Santos y Peggy Robles-Alvarado. Gracias al salón de escritores de los Domingos, en especial a mi compañera de escritura Yaddy Valerio, todos ustedes alimentan mi creatividad. Gracias a Word Up Books por brindarle un espacio a la comunidad de escritores.

Roxana Calderón, mi encantadora editora y compañera de galaxias, esta colaboración cayó como anillo al dedo. Los juegos de palabras contigo son una diversión especial. Mil gracias, cariño.

Gracias a mis hermanas del alma (Soul Sisters), Jocelyn, Melina, Laura, Gio, y Zahir, que me han apoyado desde el instante que nos conocimos.

Biografía

Lisa Gil- Ventura, conocida como "La Poeta Rubi G" es una escritora afro-dominicana nacida en el Bronx, Nueva York, y criada en Washington Heights. Lisa escribió su primer poema en el séptimo grado y desde entonces se ha mantenido escribiendo como una forma de procesar todas sus emociones. Siendo la primera graduada universitaria de su familia, Lisa se licenció en Sociología, en la Universidad de Binghamton y trabajó por más de 10 años como gestora de casos para un programa de apoyo a la vivienda.

Lisa ha sido publicada por Dominican Writers Assoc., Raising Mothers, Economic Hardship Program co-publicado por Slate, My Abuela Stories, La Libreta, Inkwell Black Press, y She Rose.

Su trabajo también ha sido presentado por The Billie Holiday Theatre y Bold Voice Collaborative. Lisa reside en Nueva Jersey. Le fascina pintar, practicar yoga y crear recuerdos aventureros con su familia.

Conéctate con Lisa via:

www.lapoetarubi.com
Instagram: @poeta_rubi_g.

www.ingramcontent.com/pod-product-compliance
Lightning Source LLC
Chambersburg PA
CBHW022022290426
44109CB00015B/1273